El infierno del resentimiento *y la magia del perdón*

RAQUEL LEVINSTEIN

El infierno del resentimiento *y la magia del* *perdón*

PANORAMA

superación

El infierno del resentimiento y la magia del perdón
Raquel Levinstein

Tercera reimpresión: 2021
Primera edición: Producciones Sin Sentido Común, 2014

Pleamares 54, colonia Las Águilas,
01710, Ciudad de México

Teléfono: 55 55 54 70 30
e-mail: ventas@panoramaed.com.mx
www.panoramaed.com.mx

ISBN: 978-607-8237-59-3

Impreso en México

Índice

Advertencia

El presente libro fue escrito con mucho amor, de manera sencilla y accesible, y con el único deseo de servir como instrumento para liberarte de los candados y cadenas que genera el resentimiento.

Te sugiero que lo tengas siempre a tu alcance, muy cerca de ti: en el bolsillo, en tu mesa de trabajo o cabecera de tu cama. De tal manera que, cuando sientas la espina del resentimiento, practiques alguno de los ejercicios sugeridos y evites que ese sentimiento genere conflictos, caos y destrucción en tu cuerpo, mente, espíritu y realidad.

Al leerlo, descubrirás las causas y consecuencias de los resentimientos mediante explicaciones fundamentadas en las leyes naturales que rigen a los elementos de la materia y la fuerza del espíritu.

Sabrás por qué y cómo perdonar; conocerás los cambios que produce el perdón en la dinámica de la mente y, por tanto, en tu armonía interior y realidad exterior.

En las siguientes páginas, aprenderás a identificar y trascender los resentimientos de una forma clara y sencilla.

¡Transforma la fuerza del resentimiento en la magia y libertad del perdón!

El infierno del resentimiento y la magia del perdón

Así como la gravedad curva el espacio, el resentimiento nos hunde en pozos de profunda desolación y angustia, convirtiendo nuestra existencia en un verdadero infierno, teñido con las sombras y la oscuridad de la inconsciencia. Mientras que, el perdón, como un *elevador espiritual,* nos lleva a dimensiones infinitas en donde es posible tocar el corazón y la mente infinita del Creador, es decir, el amor de Dios.

Cualquier persona te dice que perdones, pero no cómo realizar este proceso maravilloso y libertador, y, más aún, cuando piensas y sientes que ya has perdonado, en realidad todavía te encuentras *trapeando el mar.*

Y es que tanto el resentimiento como el perdón impactan de manera diferente en la dinámica de la mente, pues mientras que en el primero baja el nivel de frecuencia vibratoria de sentimientos, en el segundo aumenta. Por ello, es necesario trabajarlos de manera aislada al ser dos procesos distintos.

Este pequeño libro que tienes en tus manos –considerado *long seller* y distinguido con el Reconocimiento al Mérito Editorial– te llevará de la mano para que elimines todo rastro de resentimiento y experimentes la magia liberadora del perdón.

Para terminar con el infierno en que se vive, es determinante desechar todo vestigio de resentimiento; para ser libre y experimentar el Reino de los Cielos aquí y ahora, basta con un genuino perdón.

Deseo de todo corazón que este libro sea un parteaguas en tu vida, para quitar la noche del alma y vivir la dicha de un nuevo y maravilloso amanecer.

Tu amiga, Raquel Levinstein

Introducción

Si tu vida es un mar de conflictos; eres presa de las emociones; te lamentas por lo que hubiera podido ser y te quejas por lo que es; si sientes un gran vacío, dolor y sufrimiento internos; probablemente vives atormentado por el resentimiento y el odio, por la ira hacia la vida, Dios, tus semejantes o, lo más grave, hacia ti mismo.

Seguramente has intentado perdonar; pareciera que está de moda. Todo mundo te dice que lo hagas, pero no te dicen cómo. Incluso, es posible que lo hayas intentado en más de una ocasión y, por momentos, días o semanas, te sentiste libre de odios y resentimientos, pero cuando menos piensas, de nuevo estás *trapeando el mar* y te sientes peor que antes, porque piensas que la caída se debe a que Dios no te ama o no mereces ser feliz.

Créeme, a veces cuesta más trabajo recuperar la fe que descubrirla cuando no la has tenido jamás.

Esto sucede por el desconocimiento de las leyes de la dinámica de la mente y la influencia que ejercen el resentimiento y el perdón sobre los estados mentales y por la condición que la mente ejerce sobre la realidad exterior. De ahí que cuando alguien te ofrece las bondades del perdón, seguramente tú preguntes: "¿Dónde lo compro? ¿Cuántas inyecciones me tengo que poner? ¿Cuántas píldoras tengo que tomar?"

De igual manera, cuando te dicen que el resentimiento es veneno para el alma y que contamina tu vida desde lo más profundo de tu ser, deseas dejarlo de lado, pero dices: "Eso está muy bien, pero ¿cómo dejo de resentir?"

Iniciaré recordando esa frase maravillosa que alguien infinitamente grande y bondadoso, hace casi dos mil años, pronunció: "La verdad os hará libres"[1], es decir, sólo con la verdad es posible aspirar a la genuina libertad: la que surge de tu interior. Prepárate para descubrirla en tu propia mente, donde se construye momento a momento infierno o paraíso, esclavitud o libertad, resentimiento o perdón.

¿Estás preparado para descubrir las leyes que conforman el océano de tu propia mente? Juntos hagámoslo.

[1] *Juan* 8, 31-38.

Capítulo uno

En la naturaleza, desde lo diminuto hasta lo más grande, sea una estrella, semilla o un átomo, siempre encontraremos dos potencias o energías contrarias pero complementarias: la negativa y la positiva, es decir, luz y oscuridad, construcción y destrucción, vida y muerte. Un día tiene un periodo de oscuridad y otro de claridad; después de un invierno largo, frío y oscuro, llega una primavera radiante y clara; después de una noche fría, llega el cálido amanecer. En la energía eléctrica encontramos un polo negativo y uno positivo; en la naturaleza, el frío y el calor.

En el cuerpo humano hay múltiples ejemplos que ilustran lo anterior: el sistema digestivo con su continuo proceso de asimilación positiva y desecho negativo; el torrente sanguíneo con sus millones de células que se renuevan y otras que se destruyen, al igual que en la piel, el cabello y cada órgano que integra el cuerpo humano. En los átomos y las partículas que los componen, encontramos siempre elementos con carga positiva y negativa. La mente no se sustrae de estos principios, ya que incluso en los pensamientos, que se presentan en su estado natural (uno negativo y otro positivo) y según tu estado de ánimo, hay explosiones de pensamientos negativos y positivos.

Así, en el océano de la mente humana tenemos emociones, sentimientos y pensamientos que en su estado natural son impulsos de energía e información, y que potencialmente generarán salud o enfermedad, caos o armonía, paraíso o infierno, angustia o serenidad, etcétera.

Las emociones son los estados más primitivos del mundo afectivo y no tienen ningún componente racional. Por ejemplo, cuando quieres llorar o gritar y no sabes por qué. De manera contraria, los sentimientos tienen un componente racional. Por ejemplo, cuando les dices a los demás o a ti mismo: "Estoy triste, enojado, contento, etcétera". Incluso, con un poco de esfuerzo y honestidad puedes identificar porqué te encuentras en tal o cual estado afectivo.

Los pensamientos pueden ser imágenes, representaciones mentales o simplemente palabras; un lenguaje silencioso interno en el que dialogas contigo mismo, con lo que te rodea y con Dios, tal como tú lo concibas.

La fuente de la dinámica mental son las emociones y los sentimientos, y cuando se activa siempre es por su relación con éstos.

Paul Davies, gran investigador de la física cuántica, dice que la materia, incluso el cuerpo, está poblada de átomos, y la mente, de pensamientos. El doctor Deepak Chopra, en un enfoque similar considera que el cuerpo es un río de átomos y la mente un río de pensamientos que están unidos por una inteligencia universal, y es la calidad de tu vida afectiva la que determinará en gran medida la calidad de tu vida mental. Por lo tanto, también la cualidad de tus emociones y sentimientos tendrá un gran impacto en la realidad material, de la cual, no en pocas ocasiones, te sientes esclavo o juguete. ¿Quedó claro?

La calidad de tu vida afectiva, de tus emociones o sentimientos, es la que determina la calidad de tus pensamientos, y por medio de éstos, construyes constantemente tu realidad y entorno material. Así que, la calidad o cualidad de tu vida afectiva, donde se instala el resentimiento y el perdón, tiene un impacto transformador y trascendente, tiene una relación directa con el tipo de pensamiento que fluye en tu mente y, por lo tanto, con la enfermedad, salud, armonía o el caos interno y externo.

Hasta aquí queda claro que la calidad de tus sentimientos, que bien pueden estar contaminados por el veneno del resentimiento o transformados por la magia del perdón, te impulsa a construir día a día, momento a momento, la realidad que, en muchas ocasiones, te disgusta o atemoriza.

Tú no eres esclavo, eres creador. Recuerda que estás hecho a imagen y semejanza del Padre y tienes la facultad de crear, y cuando no lo haces y vives instalado en las redes del resentimiento, destruyes, te encuentras atrapado en una maraña o encrucijada aparentemente sin salida.

Esto es un gran descubrimiento: tú eres constructor o destructor de tu propia vida, y el resentimiento o el perdón teñirán de un color diferente la arquitectura de tu vivir diario.

Lo más relevante es que comprendas que en toda la creación, en todos los niveles, de lo más diminuto hasta lo más grandioso, incluso en una galaxia, el cosmos, un insecto o una célula, fluyen energías o potencias contrarias que se complementan y en tu mente también están esas potencias; pero, a diferencia del átomo, el día y la noche, el frío y calor, los polos negativos y positivos de la corriente eléctrica regulados por leyes físicas determinadas, los pensamientos que pueblan tu mente y ejercen una gran influencia sobre tu realidad exterior o tu salud y enfermedad están determinados por la calidad de tus sentimientos y emociones.

Por ejemplo, nuestro hermano mayor Cristo Jesús decía: "Por tus palabras serás castigado o premiado, pero no por lo que tus labios digan, sino por lo que tu corazón sienta". Yo agregaría que por tus palabras, pensamientos o acciones serás castigado o premiado, pero no por lo que tus labios digan, ni por lo que pienses o hagas, sino por lo que tu corazón sienta. Con ello, no pretendo decir que tus pensamientos y acciones no sean importantes, sino explicar que es mucho más fácil detectar un pensamiento que una emoción o un sentimiento, pero debes tener claro que tus emociones son la fuente de tu estado mental y el reflejo de tu realidad material, ya que están relacionadas proporcionalmente con la calidad de tus sentimientos.

Si tus pensamientos están llenos de odio, resentimiento o desamor, tus obras y tu vida en general serán de infierno, caos y destrucción. Si inyectas un poco de amor, de perdón en tu corazón, tus pensamientos y acciones serán de vida, de construcción y tendrán un sentido supremo, que te impulsará a conquistar las más encumbradas cimas de la dimensión humana.

Ya te escucho, casi adivino tu respuesta: "Sí, todo eso está muy bien, pero ¿cómo puedo perdonar?" No te desesperes, recuerda que esto es una promesa. Juntos nos comprometimos a descubrir esta verdad, apenas llevamos un primer paso: entender por qué es importante el cambio de sentimientos, eliminar el resentimiento y practicar día a día la magia del perdón, pues de esto depende la calidad de tus pensamientos y acciones y, por lo tanto, la construcción de tu realidad material.

¿Te atreves a iniciar el genuino cambio, el que surge de tu interior, el que te permite ser feliz a pesar de las circunstancias y la negatividad que prevalezca alrededor de ti? Entonces prepárate para continuar con el propósito de experimentar una vida nueva y mejor.

Capítulo dos

Ahora daremos un segundo paso: veremos y analizaremos cómo se instalan esas potencias de amor o desamor, esa energía negativa o positiva en ti, en cada ser humano, cómo influyen en tu vida, y, sobre todo, entenderemos cómo puedes transformarlas.

En la actualidad nadie es ajeno al conocimiento sobre cómo los organismos o la célula más diminutos, las plantas, los animales y hasta las cosas aparentemente inanimadas responden al sentimiento de quienes les rodean. Somos testigos de cómo las plantas responden a los mimos y palabras de halago de sus dueños. Seguramente, al darle la mano a alguna persona, sin conocerla, sientas que te cae bien o mal, según sea el caso, y si tú le caíste bien; a este fenómeno se le llama empatía. De la misma manera, en ocasiones habrás entrado a algún lugar que te proporciona ansiedad, deseos de salir, una sensación fea, de inestabilidad, o bien, de paz, serenidad y deseos de permanecer más tiempo ahí. En cada situación, no sabes ni conoces nada, intelectualmente hablando, respecto del lugar, pero sientes. Ésta es la energía que se transmite, la que percibimos.

Albert Einstein, un gran genio y hombre del siglo XX, afirmaba que todo el universo es energía y que ésta se transforma en materia y viceversa. Recordemos que este descubrimiento ha dado pie a los más grandes avances científicos y tecnológicos de nuestra época. Lo curioso es que, a pesar de tanto avance científico y tecnológico, en el momento histórico del cual somos actores y partícipes y que corresponde al más encumbrado —no más glorioso ni digno— en la historia de la evolución humana, nos encontramos solos, presos de nuestros miedos, angustias, resentimientos, precisamente por inconsciencia e ignorancia. Sin embargo, si estás leyendo este libro es porque tienes el genuino deseo de cambio, de transformación, así que, si estás de acuerdo, qué te parece si continuamos juntos en este viaje apasionante, donde paso a paso descubriremos lo que hay en tu mente e interior y la influencia que tienen el resentimiento y el perdón sobre tu realidad material interna y externa.

La manera de transmitir y captar la energía es diferente en los diversos campos de acción, es decir, la energía eléctrica se capta y transmite por medio de cables, focos y aparatos específicos, el fuego y el vapor también utilizan instrumentos particulares. El conocimiento de las leyes de cada energía permite darle un buen uso a cada una. La ignorancia hace que puedas quemar o electrocutarte, causar un corto circuito o una explosión. De aquí, inferimos que la energía en sí no es mala ni buena, todo depende del uso que se le dé. Cualquiera de nosotros diría que el fuego es bueno, pero quien haya tenido una experiencia traumática con éste diría que es malo.

La energía emocional que da vida a la actividad mental en donde, por medio de imágenes y pensamientos, puedes construir cielos o infiernos, se transmite y percibe como agradable o desagradable y produce, según el caso, alegría, felicidad, inspiración, amor, libertad o tristeza, depresión, apatía, desamor, rechazo o esclavitud mental o emocional.

Una elevada autoestima, o bien la autodevaluación (sensación intensa de no merecer o valer nada) son emociones que se transmiten al bebé desde su concepción, ese momento supremo que hemos olvidado ver con expectación, maravilla e infinita gratitud, pues nos hace partícipes del milagro de la vida, perseverancia o preservación de la especie. El bebé recibe tanto amor como desamor. Desde ese instante es receptor blanco de energías, emociones y sentimientos, que lo hacen sentirse amado o rechazado. Es lamentable que, por el momento caótico que atravesamos día con día, esa célula diminuta, lista para dar vida al milagro mismo de la existencia del hombre, reciba rechazo, desamor, alcohol, drogas, miedo y recriminaciones desde que se presenta la vida en un prospecto de ser humano en el momento de la concepción. Por desgracia, esta situación prevalece durante su estancia intrauterina y cuando nace ya es un neurótico chiquito, y cuando crece, ¡adivina qué!, es un neurótico grandote, preparado para repetir lo que tanto daño le causó, es decir, para agredir, lastimar, abandonar, tener relaciones dependientes destructivas, evadirse en la droga, el alcohol, el trabajo, la comida, el sexo, el dolor, el vacío de su propia realidad y existencia.

¿Hasta aquí hay algún parecido con tu propia historia o la de algún conocido o familiar? ¡No, no se vale! ¡No busques en los demás lo que se encuentra en ti, por favor! ¡Céntrate de nuevo en ti para poder continuar con este viaje y el descubrimiento de tu propia mente! Así juntos, tomados de la mano, centrados en ti mismo, continuemos, ¿te parece?

Como hemos visto, en la vida afectiva, el desamor que transmites o recibes, incluso desde el momento de la concepción, da origen a la energía negativa, las tinieblas y la oscuridad de la mente, mientras que el amor genera energía positiva de claridad, día y primavera, la primavera de tu propia mente. Asimismo, el resentimiento está estrechamente vinculado con la noche, con la parte oscura de tu mente, y el perdón con el área de claridad, luz y amanecer.

Es importante comprender las características de cada potencia y la influencia que tienen. Recuerda que conocer te da la oportunidad de utilizar y poner a tu servicio la energía del cosmos y la vida misma, que tú le sirvas.

Bien, comencemos con la energía negativa que, en cualquier nivel de la naturaleza que se manifieste, contiene tendencias destructivas y caóticas que impulsan hacia la destrucción y la muerte.

Sus características son variables, inestables, cambiantes, destructivas y tu mente no se sustrae a esos principios. Cuando vives alentado por el desamor (portador de energía negativa), la energía que actúa en tu mente e influye en tus emociones, sentimientos y pensamientos es caótica, destructiva y genera un conflicto eterno, un "quiero pero no puedo" o "puedo pero no quiero", un "sí, pero no". Al nutrirse de desamor, esta energía provoca miedo, angustia e inseguridad, tanto así que te invita a callar lo que quieres gritar, a esconderte tras mil máscaras y tras un ego que con constancia oculta tu verdadero yo y a veces te hace inventar algo para que muestres lo que no eres, o bien para callar lo que eres o crees que eres.

Cuando vives alentado por esa energía negativa y destructiva de tu propia mente, existes pero no vives. Caminas siempre sin encontrar, con las manos vacías y el corazón seco.

En esta energía buscas y no encuentras; de lo que pretendes escapar, te atrapa con cadenas y candados. Es increíble, pero si analizas un poco cómo estás viviendo tu vida o cómo la vive la mayor parte de los seres humanos, todo aquello que queremos tanto: armonía, paz, amor, abundancia –cualidades que por derecho nos corresponden–, al no vivir alentados por la energía espiritual, la energía positiva de nuestra mente que alienta el amor, vivimos siempre del lado contrario de la vida, dándole la espalda al sol, luchando contra la corriente. Cuando buscamos amor encontramos desamor, cuando buscamos compañía encontramos soledad y buscando dinero salimos debiendo. Parece increíble que aquello que deseas alcanzar con todo tu afán, anhelo y que es el material de tus sueños y más grandes ilusiones se te escapa de las manos. Es como tener un pastel frente a ti, cerrar los ojos para apagar las velitas y que al abrirlos ya no esté. Piensas que la vida la trae contra ti, que Dios es un ser castigador, cruel, vengativo, que ya "te agarró de marchante" y se ceba en ti. Ignoras la influencia que tienen tus propios pensamientos sobre tu realidad material, sobre la enfermedad, salud, paz y la armonía o guerra de tu mente y emociones.

Esta energía también tiene otras cualidades. Cuando vives alentado por ella, solamente piensas en ti: es egocéntrica. Te crees el ombligo del mundo, todo lo que pasa es para tu beneficio o perjuicio y nunca piensas en los demás. Cuando tienes problemas, te preguntas: "¿Qué voy a hacer?" Cuando algo que no te gusta sucede, expresas: "Me lo hicieron a mí, ahora van a ver, yo lo voy a hacer". Todos tus pensamientos giran en torno a ti; lo que te genera gran tensión y desconfianza. Muchos estudios revelan que cuando una persona se centra solamente en sí misma, se convierte en narcisista, egoísta; todas las relaciones que entabla con la vida, la naturaleza, sus semejantes y hasta con Dios son para servirse de éstas, sea en beneficio económico, emocional o de prestigio. Incluso buscas un Dios a tu conveniencia: el que te deje mejor, más satisfecho; al que sientas que tienes que darle menos y te puede dar más.

Estas actitudes, aparentemente cómodas en tu vida, no hacen más que generarte mayor desprecio por ti mismo, tus semejantes, la vida misma y hasta por Dios. Te hacen enojar y reñir con Él.

Cuando tus pensamientos están auspiciados por el desamor y la negatividad, fluyen como en un mar, en un océano incesante de contradicciones en el que a veces deseas que todo se acabe, quieres cambiar de familia, de compañero, de hijos, de trabajo, de domicilio, de país, de planeta y, en no pocas ocasiones, pretendes acabar con tu propia vida, ignorando que lo que realmente quieres es darle fin al dolor.

Después llega otro caudal de pensamientos, como olas incesantes, que te armonizan de forma temporal con la vida. Pronto piensas en darte una nueva oportunidad, en que es momento de empezar y el lunes perdonarás a todos y regresarás. Son impulsos contrarios a la destrucción y al ser impulsos, si tú no haces conciencia y los aprovechas para trascender, la misma dinámica de la mente (similar a la dinámica por el flujo continuo y eterno del movimiento del mar) también tiene movimientos ondulares, que te elevan y hacen pensar que estás bien, que nadie es como tú, que tu niñez y vida son o fueron un paraíso y tu presente es inmejorable. Te olvidas del dolor y sufrimiento ajenos. Te olvidas que formas parte de un todo universal, recaes en tu egoísmo, y al ser un proceso dinámico, hay una ola, como en la misma marea, que te impulsa hacia la caída, a trapear el mar. Incluso muchas veces te habrás preguntado por qué a pesar de asistir a cursos de superación y estudiar libros de motivación, de sentirte de repente *sentado en los cuernos de la luna, arañando los dinteles del cielo,* recaíste y te sientes triste y deprimido. En la dinámica de la mente existe un movimiento continuo similar al de las olas del mar; las olas que se elevan (al igual que los pensamientos) tienden a bajar, de ahí que resulta grave que, por ignorancia o inconsciencia, pensemos que sin enfrentar de forma genuina nuestras emociones y nuestros sentimientos, sólo con motivación y un pensamiento positivo podremos transformar y trascender la realidad. Ésos no son más que momentos temporales, como vuelos de papalote o luces de bengala, que incluso se ven en el cielo por instantes, pero que se apagan y sus cenizas caen. Ésa es la realidad.

Entonces, ¿te das cuenta cómo es la naturaleza? Se comparten leyes como en el mar, en ese movimiento continuo de olas que vienen y van. Hay una que tiende hacia el océano y la destrucción, hay otra que impulsa hacia la playa y eleva hacia lo alto y otra que hunde y revuelca.

Esta misma dinámica ocurre en la mente cuando es alentada por el desamor; es la energía negativa que nos pone en contacto con nuestra realidad material, nuestro ayer y no sólo nuestro pasado, sino la historia completa de la humanidad.

Esta marea puede ser lenta, tranquila, o bien caótica como una tempestad, pero siempre conflictiva y plena de incertidumbre. Esta manifestación de caos y conflicto interiores es generada en gran medida por el resentimiento.

Ahora sí, ¿qué te parece si hablamos de lo que es el resentimiento y la influencia que tiene en esta actividad negativa que se convierte en un infierno, en el infierno que vivimos todos los días, en esta realidad material que nos agobia y avergüenza?

Capítulo tres

El resentimiento, como su nombre lo indica, es volver a sentir, traer el pasado al día de hoy. Quiero explicarte algo: Cuando cometes errores y aprendes de ellos, se convierten en tu universidad, en tu mejor posibilidad de aprendizaje; te permiten perdonar, crecer, trascender y ponerte en la perspectiva e incluso en los zapatos de los demás. Cuando volteas hacia tu pasado para aprender de tus errores o mejorar experiencias, te repito, es tu mejor universidad; pero cuando volteas para contaminar el hoy es simple y sencillamente *resentimiento*, volver a sentir. No importa si el agravio, el daño que has cargado en el alma, sucedió hace veinte años o hace unas horas; el resentimiento no discrimina tiempo. Se nutre del pasado, a donde va a llenarse de vergüenza, odio, dolor, y corre angustiado, llevándote de la mano hacia el mañana, atemorizado por lo que aún no llega. El resentimiento pone en marcha la actividad caótica destructiva de la mente una y mil veces, tantas como navegue por el mar infinito de tus sentimientos y emociones.

Como te he mencionado, la energía negativa no es mala cuando la sabes utilizar, ya que te permite aprender de ella, voltear a tu historia, a tu ayer, engarzar y engalanar a tu presente, pues gracias al ayer, es posible comparar el avance, los logros de cada hoy. Como lo dice la siguiente reflexión: "Señor, no soy lo que quiero ser. Seguramente no soy lo que debo ser, pero gracias, gracias infinitas, porque, hoy por hoy, ya no soy lo que era ayer". Esta frase, esta reflexión bellísima, nos permite comparar nuestro crecimiento, nuestros pequeños o grandes logros, contar los peldaños que hemos escalado en la vida. El resentimiento no te lo permite, no tiene perspectiva de comparación, simplemente revive y resiente el ayer contaminando tu hoy.

Para entender el impacto que tiene tanto en la calidad de tu vida interior como en tu realidad exterior, quisiera ilustrar con un ejemplo en el que se hace alusión a Dios, por lo que te pido que al mencionarlo no permitas que los conceptos racionales te confundan y alejen de la posibilidad de ejercer la fuerza del espíritu que está muy por encima del nivel del intelecto, de la razón. Simplemente siéntelo más cerca que el aire que respiras, como la vida misma, la misericordia, el perdón, la libertad, la oportunidad de volver a empezar.

Así pues, Dios en su infinita sabiduría tiene mil cualidades. Que esto, por favor, no provoque discusiones ni conceptos intelectuales que te alejen del aprendizaje, de tu crecimiento interior. Simplemente acepta que Dios es mucho más grande que tú y todos tus problemas juntos y que una mente finita, jamás, jamás podrá explicar ni abarcar la mente infinita. Dios es también eternidad, pero ¿cómo definirla? Es un eterno hoy. Para Dios es posible ver el pasado, el futuro y vivir el hoy; estarás de acuerdo conmigo. Los seres humanos, tú, yo, ¿qué podríamos hacer con el pasado? Martin Heidegger, un gran filósofo alemán, decía: "El pasado es todo menos lo que se fue", sin embargo, ya no es más tu momento ni podemos hacer nada con él mas que al recordarlo aprender; pero no puedes cambiar nada de lo vivido. El mañana, el mañana aún no llega y, si somos honestos, tal vez no llegue jamás. Recuerda que el único requisito para morir es estar vivo, y sólo Dios sabe nuestro límite, nuestro momento. Entonces, el mañana tampoco tiene poder sobre ti; el único momento que tenemos, como seres humanos, es hoy, un instante de eternidad. Hoy, momento en que es posible sentir la presencia de la vida que fluye en ti y en mí a raudales. Hoy, único momento en que es factible engarzarte a lo supremo y sentir la presencia de Dios;

quien, con los brazos extendidos, te dice que todo está bien, que en cada respiración, independientemente de los errores cometidos o el infierno vivido, éste es un buen momento para empezar. Éste es tu hoy, y el resentimiento no puede vivirlo. Para que lo entiendas, te pondré un ejemplo:

Imagina que tienes frente a ti un manzano entregándote sus frutos, generoso como Dios, el gran dador, y la naturaleza misma. Como ser humano, tienes el libre albedrío para decidir si quieres comer o dejar las manzanas. Supongamos que decides comer una; ahí comienza ese ciclo eterno de vida, un proceso de asimilación y otro de excreción. Asimilación positiva, excreción negativa; ambos procesos conjugándose para dar vida a más vida. Pero en el supuesto caso de que te hayas negado a comer la manzana, ese fruto maravilloso cae a la tierra y se convierte en abono, que permitirá dar mejores frutos o incluso nuevos árboles. Porque si te detienes a ver una manzana sólo a nivel material, tal vez se te haga apetitosa y te detengas en sus colores o textura; pero si observas más a fondo sus semillas y no sólo las cuentas, podrás imaginar cuántas de ellas darán fruto, vida a la vida, o se convertirán en abono para dar un fruto mejor. De igual manera, cada experiencia o error, cuando aprendes de ellos, se transforman en abono, en conocimientos para enriquecer tu hoy, y así como es imposible vislumbrar cuántos frutos dará cada semilla, resulta imposible imaginar cuánto sufrimiento podrás evitar si, colocado en la cima de la conciencia, observas tu ayer para aprender de las experiencias y evitar errores. Pero, en fin, continuemos con nuestro análisis. Ese abono, con el cual la manzana por medio de un proceso de transformación permite dar al árbol mejores frutos, es tu ayer; ese ayer que cuando aprendas de él, te permitirá vivir un mejor hoy, una nueva vida. Pero con el resentimiento, imagínate que tú mismo te caes con la manzana y te conviertes en excremento, en desecho, y vives el proceso de deterioro, de destrucción, a veces tan severo y agresivo con tu propia esencia, con la vida, que a muchos les cuesta trabajo salir y para otros es imposible. Es el resentimiento el que los lleva a sufrir enfermedades físicas y mentales de inenarrable sufrimiento, dolor, vacío y soledad.

Aquí está un gran descubrimiento: el resentimiento no puede vivir el hoy, no puede comulgar con Dios. Para que el resentimiento exista, tiene que nutrirse del ayer. Necesita viajar continuamente al pasado para buscar los hechos dolorosos, incluso para distorsionarlos en tu mente, o darle vida a la pequeña ofensa o agresión. No digo que no haya motivos para resentir, pues sé que, entre tantas personas que leen este libro, habrá quien recuerde en su ayer agresiones no solamente físicas o verbales, sino sexuales, hechas por personas muy cercanas de quien sólo esperaban recibir amor. Recordamos muchas comparaciones y etiquetas que nos hicieron sentir torpes, inútiles e inseguros frente a la vida. Nos hicieron sentir inferiores pero no que perdíamos nuestra propia valía. Sé que hay muchas, muchas razones para resentir, pero la pregunta en este momento es: ¿Vale la pena seguir en ese infierno constante de la mente en el que parece que no hay salida, donde buscas y no encuentras, donde aquello de lo que pretendes escapar te ata con cadenas y candados? ¿Vale la pena?. Cualquier razón que tengas en el alma o corazón para estar resentido con la vida, tus semejantes, Dios o contigo mismo, valóralo en este momento. Ponlo en la balanza y pregúntate si vale la pena seguir cargando con ello; la alternativa es muy clara: *infierno* o *libertad, resentimiento* o *perdón.*

¿Has reflexionado? ¿Piensas que el daño es tan grande que no es posible dejar de resentirlo ni pensarlo? Piensa un momento en lo que has logrado con ese resentimiento. Trae a tu mente a la persona que más dices odiar. ¿Qué ha sido de su vida? Quizá lo ignores. Lo más probable es que esa persona ande tan campante, tan feliz y el único amargado, resentido y frustrado seas tú. El resentimiento es para el alma lo que el agua de mar es para la sed: la aviva más; eso sucede con el dolor, el vacío, el sufrimiento y la soledad.

¿Vale la pena? Te pregunto una vez más: ¿Vale la pena?. Si has respondido que no, no tanto por la magnitud del daño, sino porque tú mereces ser feliz, libre, has dado ya un gran paso. Date cuenta de que ningún hecho, egoísmo ni inconsciencia pueden esclavizarte por siempre, ni atarte con cadenas ni candados de infiernos, mentiras y soledad cuando tomas la decisión de cambiar.

Ahora la pregunta que desde el principio tú has hecho: "¿Cómo dejar de resentir?" Yo te ofrecí el conocimiento y la verdad; como lo había dicho alguien muy grande, nuestro hermano mayor, Cristo Jesús: "La verdad os hará libres". Y yo te ofrecí, con toda humildad, que, al entender y conocer cómo se genera el resentimiento, tú mismo encontrarías las pautas para dejar de sentirlo. Mira, pon mucha atención: *El resentimiento no puede vivir en el hoy*; es como la oscuridad que ante la más pequeña luz desaparece. Es como el agua y el aceite: no pueden estar juntos. Entonces, el primer paso para dejar de resentir es vivir tu hoy. Sólo por hoy... *sólo por hoy* hazte el propósito de ser feliz; sólo por hoy ve todo lo bueno que tienes, deja de ver carencias y saldos rojos. Vive sólo tu hoy; haz que el ayer sea tu fuente de aprendizaje, ya nunca más tu tortura, tu infierno, tu causa de dolor y soledad.

¡Qué maravilloso secreto! ¡Qué gran descubrimiento! Cuando comienzas a vivir el hoy, el caudal de pensamientos de tu mente que te torturaba –esa marea de pensamientos incansable, tormentosa– se detiene, se hace tranquilo. Hay algo que se acomoda en el alma. Al vivir tu hoy, sólo tu hoy, sientes que si has logrado llegar hasta este momento, hasta este hoy maravilloso, es porque eres alguien especial. Si, a pesar de tantas infracciones, comparaciones, etiquetas y egoísmo con que te han rodeado en tu vida, estás leyendo este libro, es porque estás buscando una manera diferente de vivir, y eso te hace saber y sentir que puedes lograrlo por el sólo hecho de desearlo. Al vivir tu hoy, algo en el alma se acomoda. Al vivir tu hoy, te pones cara a cara con la vida y frente a Dios.

Ésta es la mejor *receta* para dejar de resentir. El resentimiento solamente vive y se nutre del ayer y te angustia por el mañana. ¡Vive tu hoy!

Antes de concluir este capítulo, deseo recordarte que el resentimiento contamina tu hoy, te hace esclavo del ayer y te atemoriza por el mañana que aún no llega; el resentimiento es como meterte en el metro cuando aún no ha llegado. ¡Imagínate nada más! Por lo menos, es darte un batacazo, caer en las vías; esperar que te electrocuten, que venga el metro y te atropelle; es una angustia constante.

Mira, cuando entras al metro, a pesar de las incomodidades (masaje o baño sauna), tal vez no estés como quieres estar, no estés viajando como deseas viajar, pero por lo menos vas en un camino, en un transporte seguro.

¿Ahora entiendes por qué el resentimiento genera infierno? ¿Entiendes por qué el resentimiento te ancla al ayer? Porque te impide aprender de las experiencias, que es lo único que tenemos para evolucionar como seres humanos. Estamos aquí en un proceso de evolución y crecimiento. Una persona resentida *jamás* puede evolucionar; se queda anclada en ese ayer que contamina, en ese ayer que duele y lastima.

Resentir es volver a sentir. Resentir es viajar al pasado, es buscar las causas que generaron dolor, vergüenza y agresión; te impulsa, por medio de los sentimientos y pensamientos, a viajar al mañana lleno de odio, coraje, vergüenza y culpa. Cuando vives el hoy, el resentimiento no tiene poder sobre tu vida; encuentras las cosas bellas, lo que tienes hoy. ¿Piensas que no tienes nada? El clásico ejemplo: *Estaba triste porque no tenía zapatos hasta que encontré a un señor que no tenía pies*. ¡Empieza a valorar! ¡Tienes manos para trabajar, acariciar y dar ayuda! ¡Tienes ojos para ver! ¡Tienes pies para caminar, correr y no estar anclado al suelo como roca o árbol! ¡Tienes corazón para sentir! ¡Tienes labios para pronunciar, desde lo más profundo de tu ser: "Gracias a la vida y a Dios por el privilegio de existir"! ¡Tienes lágrimas para llorar y purificar el alma! ¡Tienes voluntad, vida e inteligencia! ¡Tienes tantas cosas para empezar!

Ese dolor que te generó resentimiento no pudo contigo. Sin duda, tú eres alguien muy especial.

Decía Cristo que la puerta de la perdición es ancha, muy ancha. Estoy segura de que esa puerta la abre, con llave de oro, el resentimiento, el mismo que te lleva a la destrucción de ti mismo, de los seres que amas, de tu entorno y realidad.

El resentido acepta cualquier cosa o disculpa, más bien, cualquier excusa para estar así: porque no te saludó, porque te comparó, porque no es agradecido, porque es ingrato, porque es egoísta, porque no te valora, en fin, lo que tú quieras. El resentimiento acepta lo que quieras, más bien, acepta lo que sea para echar tu vida en un infierno de soledad. Ya sabes cómo se genera, de qué se nutre y cómo se elimina: vive tu hoy.

Hay otro camino para librarte del infierno del resentimiento. Decía Cristo que la puerta de la salvación es angosta, muy, muy angosta, y estoy segura que esa puerta de salvación es el perdón. Lo veremos con detalle en el siguiente capítulo. ¿Estás listo para continuar?

Capítulo cuatro

La energía positiva que fluye en tu mente es como el ojo del huracán. Es un lugar donde la serenidad se hace suprema, donde reina la paz y la tranquilidad. Sin embargo, vivir ahí también es vivir la fuerza que mueve al mundo, que mueve el vendaval de la corriente negativa y todo a tu alrededor. La energía positiva de tu mente no solamente genera pensamientos positivos, sino amor genuino y verdadero. Aquí tenemos un gran descubrimiento. Muchas veces vivimos en un infierno de resentimiento porque no hemos conocido el amor incondicional, porque hemos vivido en desamor constante. Muchas veces, desde el vientre materno, hubo rechazo (como te explicaba en el capítulo 2), pero lo importante es que aprendas a sentir el amor de la vida que fluye en ti. Que aprendas a amarte a ti mismo, a amar a Dios y todas las oportunidades que te brinda día a día para amarle a Él, a tus semejantes, a todo lo que te rodea y, lo repito, de manera muy especial, a ti mismo. Cuando vives en amor, lo primero que sientes es paz, porque el amor es serenidad. La contradicción de la mente se detiene. Siempre sabes qué hacer, cómo y cuándo. Sentir amor es dejar de sentir culpa, es entender a los demás y verlos, más que con los ojos del rostro, con los ojos del alma, con los que nos ve Dios.

Vivir alentado por esta energía es vivir en el Reino de los Cielos al que se refería Cristo, que no era sólo de este mundo. Él mismo anunciaba: "Está en tu interior", pero ¿cómo?, la pregunta de siempre. En primer término, ¿qué te parece si nos preguntamos qué es perdonar? Perdonar, sin olvidar, definitivamente no es perdonar. ¿Cuántas veces tú mismo has perdonado? ¿O a ti te han dicho que te perdonaron, y ante la más mínima provocación, resurge la agresión del error y te vuelven a echar en cara todo lo que cometiste en el pasado? Por ejemplo, te dicen: "Ya estás en Alcohólicos Anónimos. Sí, ahora eres muy bueno, pero ¿ya no te acuerdas de todo lo que hiciste ayer?" Al niño que está haciendo su esfuerzo por pasar de año, se le recriminan las materias que reprobó hace dos años.

Ese perdón no es un auténtico perdón, pues sólo almacena resentimiento, odio y desamor para sacarlos ante la más mínima oportunidad como puñal, como dardo que lacera y lastima. Perdonar sin olvidar no es perdonar; es un arma para dañar, para agredir, para hacerte sentir superior y saber que tienes a alguien, como se dice vulgarmente, *agarrado del pescuezo*; es querer dominar, sobajar a los demás.

Ahora bien, hay otro tipo de perdón, el que ofreces como si estuvieras entronizado en lo alto, como si fueras un rey o gran señor. Pregúntate, ¿eso es perdonar? ¿Así te ha perdonado Dios? ¿Así has sentido su perdón? Pregúntate una vez más si perdonar como si concedieras una dádiva o un favor es perdonar... ¿Ya reflexionaste?

Si has sido honesto, seguramente respondiste que no. Y te aseguro que no. Perdonar de esta manera no es perdonar. Es solamente hacer más grande la venda de autoengaño, olvidando que no solamente has sido víctima, sino también victimario y que has dañado a quien más dices amar. ¡Vaya que si no! Quien *perdona* de esa manera se ha engolosinado haciendo sentir mal a los demás con un aire de superioridad, que no logra ocultar el miedo y la inseguridad. Entonces, perdonar desde lo alto tampoco es perdonar. Fíjate que tampoco, tampoco esta manera te lleva a perdonar.

Entonces, me preguntarás qué es perdonar. Mira, para perdonar genuinamente te pido que traigas a tu mente por un momento a la persona que más daño te ha causado.

¿Sientes todas las emociones encontradas? ¿Sientes calor en el cuerpo? ¿Sientes cómo fluye por tu columna vertebral una energía, ya no tan desconocida para ti, de odio, resentimiento, coraje frustración e impotencia?

Bien. Entonces, sin duda, estás haciendo bien el ejercicio. Ya lo tienes frente a ti. Pero ahora te pido que veas en él, mas que el daño, la agresión; que veas a una persona en estado inconsciente; que trates de ver sus circunstancias, sus recursos, su desamor, y te preguntes honestamente qué hubieras hecho en su lugar. Si a estas alturas contestas que no hubieras llegado a tanto, es que seguramente sigues pensando como tú y no como él. Trata de verlo, más que como tu enemigo, como tu agresor, como a una persona más enferma y más ciega que tú. Y si eres honesto ante la misma pregunta de qué hubieras hecho tú en su lugar, sin duda contestarás: "Seguramente lo mismo y tal vez, tal vez algo peor".

Esto es honestidad, darnos cuenta de que como seres humanos repetimos los errores que aprendimos de manera inconsciente. Que no somos más que repetidores del desamor.

Ésta es nuestra verdadera realidad. Entonces, la respuesta a la pregunta sobre qué es perdonar se responde por sí misma: perdonar es darme cuenta de que ni siquiera había razón para perdonar, porque yo, en su lugar, hubiera hecho lo mismo o tal vez algo peor.

Ya diste un gran paso ahora; ya diste un gran paso para perdonar. Yo sé que no es fácil. Y todavía hay mil preguntas, mil emociones encontradas. Una pregunta que vale la pena responder es ¿a quién debemos perdonar?

En primer lugar, y aunque suene paradójico, contradictorio o ridículo, debemos perdonar a Dios. ¡Sí, a Dios! ¡Quítate todo concepto religioso! ¡Deja que los conceptos intelectuales no choquen de nuevo con tu proceso de recuperación espiritual y emocional! ¡Sí, a Dios! ¡A quien mucho tiempo concebiste como un ser castigador, cruel, vengativo, ajeno a su realidad material! ¡A quien tantas veces culpaste por tus fracasos y frustraciones! ¡A quien con mucha frecuencia le diste la espalda enojado, lleno de rabia, porque no hacía tu voluntad! Porque, mira, es tan común que cuando las cosas van bien, nos sintamos superiores, campeones; nos olvidamos de Él, hasta de rezar y dar gracias; pero apenas las cosas van mal, cuando la enfermedad o la carencia se instala en tu vida, qué fácil es voltear a Él para reclamarle: "¿Por qué? ¿Por qué a mí? ¿Por qué a mí, Señor?" ¿Te das cuenta de tu error? Ya es tiempo de perdonarlo, de concebirlo como el Ser misericordioso, amoroso, que siempre está con los brazos extendidos, sin reclamo, sin reproche, sin condición. Hazte el propósito de perdonarlo ya, de sentirlo como es: fuente de vida y de aliento, pues antes de reclamarte, de señalarte con el dedo todos los delitos que bien sabes que cargas en el alma, Él te abraza suavemente y te dice que todo está bien y que es un buen momento para comenzar.

Hoy es tiempo de perdonarlo, ya no más riña con Él, ni reclamos, ni culparlo de tus fracasos, de las limitaciones que tú mismo te has impuesto. Hoy es tiempo de *perdonar* a Dios, quien, desde hace mucho tiempo, desde siempre, te ha perdonado. ¿Lo dudas? Mira, atiende un momento tu respiración, ¡es tan perfecta y armoniosa! Parece que a este mecanismo, en apariencia tan sencillo, no le importa el peso de tus errores o culpas. ¿Te das cuenta? En cada respiración, en el lenguaje silencioso con el que Dios habla, te dice que éste es un buen momento para empezar; en cada respiración te brinda la oportunidad de volver a empezar. ¿Piensas que tus culpas son tan grandes que no es posible creer que Él te haya perdonado ya? Entonces, lleva tu mano derecha al corazón.

Trata de sentir los latidos de tu más antiguo compañero; de tu cómplice de sueños y sinsabores, de anhelos y frustraciones; un órgano tan diminuto, tan pequeño, de apenas 325 gramos, que desde que fue creado no ha dejado de latir ni un momento, ni un instante. ¿Te sorprende darte cuenta de que en cada latido la vida fluye a raudales y que, a pesar de las angustias y sufrimientos, en cada latido Dios amorosamente te dice que éste es un buen momento para empezar? ¿Te das cuenta de que Él vive en ti, en cada célula que se renueva, en cada latido del corazón, en el aire que respiras; que siempre, siempre, a lo largo de tu vida, ha permanecido en ti? ¡Porque Él es la vida misma! Él conoce tus secretos más callados, tus errores, tus culpas y, sin embargo, a cada momento te dice que te ama, que te acepta como eres, que te quiere, no por ser bueno o malo, no por tus errores ni por tus virtudes; te ama porque eres tú, porque decidió darte la vida y en la vida misma se entregó a Sí mismo. Ése es el perdón genuino: el perdón de Dios.

¿No crees que es tiempo de perdonarle ya? Tu distanciamiento es por miedo, por temor a ser castigado, repudiado por Él, pero hoy sabes cuánto te ama. ¿No deseas vivir conscientemente en y por Él? ¿Llenarte de amor, vestirte con ropas nuevas que engalanen tu alma y liberen tu corazón?

Bien, ¿a quién más? ¿a quién más? te preguntarás. ¿A quién más debemos perdonar? Esto es sólo una sugerencia: Si bien es cierto que el orden de los factores no altera el producto, la experiencia en la práctica profesional nos dice que es muy conveniente, en segundo lugar, perdonar a nuestros semejantes, a nuestra familia, a quienes hemos utilizado como pretexto, como bandera, para cometer nuestras bajezas, para evadirnos en el alcohol, en la droga, en el trabajo, en el sexo, porque no nos entienden, porque no hacen nuestra voluntad, porque no son como queremos que sean. Otras veces, los hemos tomado como blanco de agresiones, de gritos, golpes e insultos. Es sabido que la neurosis se descarga siempre en el más débil, en el que no sabe defenderse, en el que calla, en el que no agrede. Cuántas veces hemos hecho víctimas de nuestra neurosis, de nuestras frustraciones, a quienes más decimos amar. Es tiempo de perdonarlos ya. Es tiempo de amarlos, aceptándolos tal como son, de descubrir la belleza que Dios depositó en cada uno de ellos y de dejar de seguirlos utilizando como instrumento para justificar nuestras culpas y bajezas. Hoy es un buen momento para perdonarlos ya.

Finalmente, ¿a quién más debemos perdonar?, te preguntarás. ¡Lo más difícil! ¡Qué trabajo! A ti mismo. Sí, a ti mismo. Y mira, por eso lo sugiero al último, porque cuando has logrado ya tener un contacto con Dios, es más fácil, es mucho más fácil, perdonarte a ti mismo. Pero a veces, al voltear a nuestro interior, nos sentimos tan llenos de miseria, culpa, fango y lodo, que volvemos a dudar de Dios y de los demás. Te invito a que reflexiones de nuevo y cuestiones si alguien tan grande, tan infinitamente grande, ha podido perdonarte ya, ¿quién eres tú o quién soy yo para no perdonar? No es más que soberbia disfrazada de humildad. Culpables no le servimos a la vida, ni a Dios ni a nadie. La culpa te programa automáticamente para el castigo y el castigo te programa para el sufrimiento.

Y este infierno que hemos creado por desamor, por falta de perdón, lo hemos utilizado también como argumento para quejarnos, para agredir a Dios. Es tiempo de perdonarte ya. Es tiempo de descubrir el milagro que eres. De saber que estás hecho a imagen y semejanza del Creador y que Él vive en ti, que Él llora, sufre en ti. Se decía en un poema bellísimo: "Él está en ti. Más cerca que el aire que respiras. Más cerca, más cerca que la sangre que fluye por tus venas". Él conoce tus desventuras, conoce tus bajezas, tus culpas y en ningún momento se ha alejado de ti. Tienes vida. Millones de células en ti se renuevan. Tu corazón no ha cesado de latir ni un instante. La respiración, a pesar de las angustias y problemas, sigue siendo tan fácil. Y en ese lenguaje silencioso con el que sólo habla Dios, te dice: "Aquí estoy. Estoy en ti". Descubrirlo así es querer vivir de nuevo, pero ya no por miedo, ya no querer ser bueno por miedo al infierno, con el que tantas veces te amenazaron y que en vez de acercarte a Él, te alejó. Desde hoy hazte el propósito de vivir en Él, de ser Su instrumento, nada más Su instrumento para que se manifieste Él; porque debes saber que si hay bondad es porque viene de Él; si hay perdón, viene de Él. Éste es el genuino perdón, la verdad que te hace libre, la que te permite manifestar el plan divino que Él, nuestro creador, tiene programado para ti desde siempre.

Si piensas que el daño recibido es tan grande que no es posible perdonar, quiero pedirte que traigas a tu mente, por un instante, la imagen de Cristo clavado en la cruz. Quítale toda carga religiosa. Aleja conceptos intelectuales y ve solamente en Él al hombre que pretendió cambiar al mundo por amor. Ahí está, clavado en la cruz. Ningún dolor le era ajeno. Engañado, traicionado, escupido, golpeado. El dolor de su madre. Sus propios dolores físicos. Clavado en la cruz. Bien podía habernos maldecido una y mil veces, sin embargo, sus palabras, en plena agonía, fueron: "Padre, perdónalos, perdónalos, porque no saben, no saben lo que hacen".

Y hoy, después de casi dos mil años, nos damos cuenta de que en verdad quien vive en la inconsciencia no se da cuenta de lo que hace. Cualquiera de nosotros, tú o yo, podría haber sido el portador de la lanza que atravesó su corazón. Lo hacemos día a día con nuestro desamor, con nuestros resentimientos, con nuestras culpas. Día a día atravesamos su corazón.

¿Ya entiendes qué es el perdón? ¿Ya entiendes que perdonar libera el alma? Porque solamente el que perdona es perdonado. Es un proceso, es una promesa. Si tú has llegado hasta aquí aprendiendo a perdonar realmente y vuelves a detenerte en ti, es ley, es promesa divina: el que perdona es perdonado, ha sido perdonado ante los ojos del Padre. Tu ayer no sirve más que de aprendizaje para no volver a cometer errores. Pregúntate si hoy volverías a cometer el mismo error. ¡Ése es tu regalo a la vida! ¡Ése es tu regalo, tu ofrenda para Dios! El perdón libera el alma. Le pone alas a la mente y rompe la dura piedra del resentimiento en el corazón. ¡Ésta es la magia del perdón! ¡Vivir libre, sin ataduras!

Otra pregunta sería: "¿Cuándo debo perdonar?" En cada momento, en cada instante. Mira, tú te bañas diariamente y no porque lo hayas hecho hoy, mañana tendrás que dejar de hacerlo. Es parte de tu higiene. Perdonar es parte de tu salud física y mental y, por tanto, espiritual. Perdonar es un deber diario, en todo momento. Antes de que te duermas, cierra los ojos y pregunta si tienes algo que o alguien a quien perdonar. Pregunta si tienes algún resentimiento con alguien y antes de dormirte entrégale tu resentimiento a Dios. Muchas veces, aunque queremos perdonar, es tan difícil quitar esos pensamientos obsesivos que se repiten una y otra vez en nuestra mente. Pero cuando tú, con toda humildad, le pides a Él, nuestro Creador, que te ayude a perdonar, cuando le entregas ese dolor, ese resentimiento, Él siempre acude con tanta dulzura, con tanto amor y lo recoge en sus manos llevándolo a su propio corazón.

Podrías ahora preguntar si es conveniente ir con una persona a ofrecer o pedirle tu perdón, según sea el caso. Persigamos la inteligencia que siguen la naturaleza misma y las leyes de la creación.

Para transformarse, las partículas más diminutas tienen que recurrir a la parte espiritual, a la no materia, al vacío, por lo que te sugiero que antes de acudir con la persona a la que tienes atada o que te tiene atado por resentimientos, primero, en espíritu, en una oración, empieces a orar por ella. Entrégasela a Dios.

Si es a ti a quien la persona tiene que perdonar, pídele en tu espíritu, con todo tu corazón, que te perdone. Aprende a reparar daños con los vivos, con los que tienes delante. Si hay circunstancias que son imposibles reparar, siempre hay algo que hacer en este mundo, en esta vida, para forjar un planeta mejor. Vive la magia del perdón. El perdón también es impulso de vida que te lleva a luchar por aquello que un día te pescó en sus garras y te llevó a la degradación.

Perdonar, que no se te olvide nunca, libera el alma. Le pone alas a la mente y rompe la corteza dura, la roca que envolvía al corazón.

Una prueba final. Trae a los ojos de tu mente a la persona. Trae de nuevo a tu memoria a quien más daño te haya causado. Si te es posible verlo ahora con compasión, incluso con amor, entonces, el perdón, la magia del perdón, habrá nacido en tu alma. No te tortures si esto no se te da aún. No es fácil. Vuélvele a pedir a Él, a nuestro Señor, a Cristo Jesús que tome a esa persona y a ti en sus manos y te ayude a perdonar. Ésta es la magia.

La magia del perdón

Los siguientes ejercicios son para eliminar el resentimiento:

1. Saca hoja y lápiz o pluma para escribir. Haz una lista de las personas con las

que sientas que estás resentida. No te apenes si es larga, solamente sé honesto.

2. Enseguida, pregúntate por qué estás resentido. Tal vez sientas vergüenza o te dé risa. Date cuenta ahora de manera consciente de que en realidad una gran parte de tus resentimientos son sólo por miedo, por inconsciencia o porque no encontrabas una manera diferente de relacionarte con las personas. Seguramente también encontrarás razones graves, muy graves, para estar resentida con ellas.
3. Pregúntate si vale la pena ese resentimiento, si se justifica mantener en el alma el resentimiento que te garantiza vivir en un infierno interior y exterior y ser siempre un paria de la vida, un actor constante de fracasos y desilusiones.
4. Trata de ver la lección de ese hecho que te ha resentido. En cada situación

hay algo para aprender. Trata de ver el lado bueno.

5. Ahora, ¿has logrado ver el lado bueno de esa situación? Ve qué aprendizaje encuentras para vivir tu hoy. Esto es, ve que todas las cosas, las circunstancias, las personas tienen un lado positivo y un lado negativo. También eso que te había dañado tanto, esos recuerdos que traías cargando en el alma tenían un lado bueno. Ahora, ¿qué aprendizaje te pueden dar para vivir el hoy? Reflexiona detenidamente. Por ejemplo: si alguien te golpeó, tú podrías determinar no golpear jamás y aprender a manejar tu ira y dialogar.
6. Haz una lista de todas las cosas buenas que tienes hoy. Comienza por tu cuerpo. Ve más allá de lo que te molesta: el color de tus ojos, tu talla o tu peso. Ve todo el potencial que en ti se encuentra

y recuerda: No dejes que se te olvide nunca que estás hecho a imagen y semejanza del Creador.

7. Ahora que estás aprendiendo a vivir el presente, es posible que ya puedas dar gracias, incluso por aquella situación o persona que te hizo daño, que te hizo sentir mal, que te hizo sentir torpe.
8. Ahora ya puedes realizar una lista de las personas o situaciones a las que tienes que agradecer por el simple hecho de aprender y vivir el hoy.

¿Todavía quedan situaciones o personas que siguen generando turbulencia en tu mente? Entonces vamos a vivir, a ensayar ahora la magia del perdón:

- Haz una lista de las personas a las que consideres que debes perdonar.
- Ahora haz una lista de las cosas por las que consideres que debes ser perdonado.

- Escribe detenidamente si de veras estás dispuesto a perdonar olvidando el daño.
- Ahora, para cada persona de tu lista, trata de describir detalladamente las circunstancias que conozcas de su vida. Tal vez fue un niño abandonado, golpeado, que probablemente no recibió amor.
- Ahora que tienes claras sus circunstancias, pregúntate qué hubieras hecho tú en su lugar. Con toda honestidad responde y reflexiona si de alguna manera tú mismo has incurrido en los mismos errores, aun cuando un día juraste nunca volver a repetir aquello que tanto daño te causó.

¿Tienes tu lista? Ya conoces las circunstancias por las que tú consideras que las personas involucradas actuaron de tal o cual manera; incluso, te has dado cuenta de que tú mismo has cometido esa infracción, porque es frecuente que cuando algunas actitudes de alguien nos molestan, es porque nos remueven nuestras propias fallas que no hemos aceptado conscientemente.

Ahora, es importante que invites a Dios, a Cristo Jesús —tú tienes ese privilegio—, a que te ayude a perdonar, a liberarte de los sentimientos y pensamientos que envenenaron tu alma, y a pedir por cada persona también, porque el perdón solamente se puede vivir en ambas direcciones. Recuerda la oración divina hecha universal por Él, nuestro hermano mayor. Dice: “Padre, perdona nuestras deudas, así como nosotros perdonamos a quienes nos ofenden”. Ahí está la clave del perdón, la magia del perdón. No puedes pedir algo que tú no has sido capaz de conceder. Basta ya de seguir considerando a un Dios mezquino, cruel y miserable cuando, en realidad, hemos vivido el infierno del resentimiento por no saber o no querer perdonar.

Otro ejercicio del perdón

Este ejercicio es conveniente realizarlo en situaciones que afecten tu presente, es decir, para tus circunstancias actuales, aunque también es factible aplicarlo para eliminar resentimientos antiguos.

1. Acepta que la actitud de tal o cual persona te está afectando, que determinada circunstancia te agrede y te molesta, o bien, que el recuerdo de alguien que te dañó se hace obsesivo y que por más que luches, lo cargas a cada momento. Acepta que es algo negativo. No trates de disimular o evadir. Acepta que es algo que te causa daño, que genera resentimiento. Enseguida...
2. Agradece a la vida, a Dios, porque por medio de determinada persona o circunstancia te es permitido ejercer

la magia del perdón y experimentar la transformación de la energía negativa en positiva, de trascender la esclavitud y experimentar la libertad; y entonces...

3. Perdona. Perdona de todo corazón a la persona que piensas que te agredió; obsérvala sólo como un instrumento que te permite ejercer una de las más poderosas acciones que enaltece al ser humano y lo transforma en alguien superior que lo hace dueño de sus emociones y constructor de su vida: la magia del perdón. Perdónate tú también por los sentimientos y pensamientos negativos, incluso por las acciones dañinas que hayas generado en ese estado de inconsciencia. Cuando realices este paso, cierra los ojos y visualiza una luz violeta que entra por lo más alto de tu cabeza, fluye por todo tu cuerpo y se instala en tu corazón. Enseguida, observa cómo esa luz sale de tu corazón

y la diriges hacia las personas que deseas perdonar o cuyo perdón deseas obtener. Finalmente, libera... En este paso visualiza una luz rosada que te envuelve a ti y a las personas que deseas perdonar.

4. La energía del amor. Ahora puedes ver a la persona o circunstancia que te había alterado como una oportunidad de aprendizaje. Puedes sentirte cerca de él o ella, aceptar que todos somos células del cuerpo de Dios y que, sepámoslo o no, todos trabajamos para el mismo fin. Ahora puedes entender que formamos parte de un todo universal y que en cada ser humano, en cada ser vivo, se encuentra la esencia de Dios, nuestro Creador. Ahora puedes verlo, más que con tus propios ojos, con los ojos del Señor.
5. Agradece de nuevo por esta maravillosa oportunidad, por ver cómo desaparecen los pensamientos obsesivos de tu

> mente, por ver cómo aparece la sonrisa fácil en tu rostro y en tu corazón, por experimentar un cambio trascendente en el alma y en el corazón.

Hoy sabes que el perdón es magia, hoy sabes que Él, nuestro Creador, acude siempre a tu llamado. Pide, hoy y siempre: *la magia del perdón.*

Sobre la autora

Raquel Levinstein, pionera de la Psicología Cuántica y del Espíritu con 33 años de trayectoria, es directora del Centro de Servicios Interdisciplinarios para el Desarrollo Humano (CSIDH), así como presidenta y fundadora de la Asociación Hispanoamericana de Psicología Cuántica y del Espíritu.

Es autora de varios libros considerados *best sellers,* entre los que destacan: *Pensando en ti, En busca de un ayer perdido* y *Señor, quítame lo bruto*; además del *long seller El infierno del resentimiento y la magia del perdón,* libro que recibió la Condecoración al Mérito Editorial y que lleva más de 35 reimpresiones. Es autora de más de 55 audios con reflexiones de autoterapia emocional creados para enfrentar situaciones como la pérdida de un ser querido, el abandono y la infidelidad; también para ser mejor padre, hijo y ser humano, y todos los temas inherentes a la superación personal y el desarrollo humano.

Es una destacada conferencista que sabe tocar las fibras más sensibles de su auditorio. Además, desde hace más de 30 años, colabora con grupos de autoayuda, como Alcohólicos Anónimos, a quienes ama y admira profundamente.

Cuenta también con una importante trayectoria en televisión y radio, donde ha recibido premios internacionales como el Premio Quetzal, el Micrófono de Oro, la medalla Dolores Ayala por la Asociación Nacional de Locutores y el premio Águila de Oro. En la actualidad puedes escucharla en su programa *Siempre contigo*, que se transmite todas las mañanas a las 11:30 por Radio Centro 1030 AM y en todo el mundo a través de internet en: <www.radiocentro1030.com.mx>.

Ha sido reconocida y premiada, incluso en el ámbito internacional, en todas las áreas en las que se ha desempeñado: escritora, conductora de radio y televisión, conferencista y, sobre todo, la que ella considera la más importante: la de promover el cariño de su público.

Si deseas contactar a Raquel Levinstein puedes hacerlo en la página <www.raquelevinstein.com.mx> o comunicarte al teléfono 55 41 43 19, donde con gusto te informarán sobre sus libros, materiales auditivos, así como cursos, talleres y conferencias con lo más actualizado de la Psicología Cuántica y del Espíritu.

El infierno del
resentimiento
y la magia del
perdón

terminó de imprimirse en 2021
en Impregráfica Digital, S. A. de C. V.,
Av. Coyoacán 100-D, colonia Valle Norte, 03103,
alcaldía Benito Juárez, Ciudad de México.